Mi primer
Larousse
de
FRANCÉS

LAROUSSE

ILUSTRACIONES

Peter **Allen**

Robert **Barborini**

Cyrille **Berger**

Manu **Boisteau**

Vincent **Bourgeau**

Marc **Boutavant**

Émile **Bravo**

Pierre **Caiullou**

Alice **Charbin**

Gilles **Frély**

Bruno **Heitz**

Muzo

Clément **Oubrerie**

Pronto

Béatrice **Rodriguez**

Hélène **Riff**

Jérome **Ruillier**

Rémi **Saillard**

Jean-Charles **Sarrazin**

Anne **Wilsdorf**

EDICIÓN ORIGINAL

Dirección artística, concepción gráfica y realización:
F. **Houssin** y C. **Ramadier** para **Double**
Dirección editorial: Françoise **Vibert-Guigue**
Edición: Anne **Delcourt**
Asesoramiento: Isabelle **Courvoisier**,
Ursula **Payne** y Carole **Moulart**
Dirección de la publicación: Dominique **Korach**

EDICIÓN PARA AMÉRICA LATINA

Dirección editorial: Tomás **García Cerezo**
Gerencia editorial: Jorge **Ramírez Chávez**
Coordinación editorial: Graciela **Iniestra Ramírez**
Edición técnica: Julio Alejandro **Serrano Calzado**,
Adriana **Santoveña Rodríguez**
Adaptación de portada: Nice **Montaño Kunze**

© 2018, LAROUSSE EDITORIAL, S.L.
Mallorca 45, 2ª planta
08029 Barcelona

D.R. © MMXVIII Ediciones Larousse, S.A. de C.V.
Renacimiento 180, Col. San Juan Tlihuaca,
Azcapotzalco, México, 02400,
Ciudad de México

Primera edición, julio 2018
Primera reimpresión, agosto 2020

ISBN: 84-8332-518-7 (España)
ISBN: 978-607-21-2044-0 (México)

Impreso en México — *Printed in Mexico*

Este libro se terminó de imprimir
en el mes de agosto del 2020,
en Corporativo Prográfico, S.A. de C.V., Calle
Dos Núm. 257, Bodega 4, Col. Granjas San
Antonio, C.P. 09070, Alcaldía Iztapalapa,
México, Ciudad de México.

❶ 1 000 palabras agrupadas por temas

Para que resulte más eficaz que un diccionario clásico, Mi primer Larousse de francés está organizado por temas, cada uno de un color distinto: **la familia, el hogar, la comida, la escuela, las vacaciones...**

Temas familiares para los niños que, así, aprenderán francés de forma natural, como aprendieron a hablar.

Cada palabra que descubran los llevará a otras: *frère* (hermano) *a sœur* (hermana), *rire* (reír) *a pleurer* (llorar), etc.

Para facilitar este trabajo de asociación de palabras, algunas de ellas se presentan en unos cuadros de colores.

❷ Palabras para tener ganas de ponerse a hablar enseguida

Las 1 000 palabras de *Mi primer Larousse de francés* fueron seleccionadas con cuidado y pertenecen en su totalidad al universo infantil. Forman un **vocabulario** básico lo bastante **rico** y **variado** como para que el niño pueda empezar a expresarse en francés.

ami, copain
amigo
Diane et Alex sont amis.

ennuyer
fastidiar; molestar
" Arrête de m'ennuyer ! "

rapidement
rápidamente
La voiture avance rapidement.

autour de
alrededor de
Les enfants courent autour de Richard.

❸ La gramática

Al final del libro hay unas cuantas tablas muy sencillas con las reglas gramaticales indispensables para utilizar correctamente los **nombres**, los **verbos**, los **adjetivos** y las **expresiones** del diccionario.

❹ Dos índices

Un índice **francés - español** y un índice **español - francés** permiten encontrar enseguida la palabra que se está buscando.

Sommaire, Contenido

Bonjour !
¡Buenos días!

chéri, chérie
cariño

" Chérie, je t'aime ! "

cher, chère
querido, querida

" Viens ici, mon cher enfant ! "

excusez-moi
perdón, perdone

" Excusez-moi, Mademoiselle... "

comment ça va ?
¿Qué tal?

" Comment ça va, M. Loup ?
– Très bien, merci. "

Monsieur, M.
Madame, Mme
señor (Sr.), señora (Sra.)

Voici M. et Mme Toulemonde.

S'il te plaît !

s'il te plaît,
s'il vous plaît
por favor

À bientôt !

à bientôt
hasta pronto

À demain !

à demain
hasta mañana

Pardon !

pardon, désolé
perdón, lo siento

merci
gracias
" Merci, Sophie ! "

voici
le presento a…
" Voici Louis. "

bienvenu
bienvenido
" Bienvenue chez moi ! "

salut
hola
" Salut, Jérémie ! "

enchanté
encantado, mucho gusto…
" Enchanté,
M. Renard ! "

bonjour
buenos días
" Bonjour, M. Renard ! "

bonsoir
buenas noches
" Bonsoir, M. Renard ! "

bonne nuit
felices sueños
" Bonne nuit, Maman ! "

au revoir
adiós, hasta luego
" Au revoir, Lucie ! "

Des mots utiles

et

y

Nicolas et Vincent.

même

incluso

Même en vacances,
Louis est triste.

dans

dentro de

Jerry saute
dans la boîte.

parce que

porque

Charles est dans son
lit parce qu'il est
malade.

pour

para

" C'est pour toi ! "

comme

como

Pierre pleure comme
un bébé.

mais

pero

Petit mais costaud !

si

si

" Si tu pars, je pars
aussi ! "

ne...pas

no

" Je ne mange pas
ce fromage ! "

seulement
sólo

" Seulement un,
s'il vous plaît ! "

peut-être
quizá(s)

Il pleuvra peut-être
ou peut-être pas.

avec
con

Paul est avec Fred.

ou
o

" Chocolat
ou vanille ? "

très
muy

Le maître est très
en colère.

sans
sin

Paul est venu
sans Fred.

oui
sí

non
no

de
de

Pedro vient
du Mexique.

à, au
a, al

Marc, Julie
et bébé vont
au parc.

Les nombres

Los números

0 zéro

1 un

2 deux

3 trois

4 quatre

5 cinq

6 six

7 sept

8 huit

9 neuf

10 dix

11 onze

12 douze

13 treize

14 quatorze

15 quinze

16 seize

17 dix-sept

18 dix-huit

19 dix-neuf

20 vingt

30 trente

40 quarante

50 cinquante

60 soixante

70 soixante-dix

80 quatre-vingt

90 quatre-vingt-dix

100 cent

1000 mille

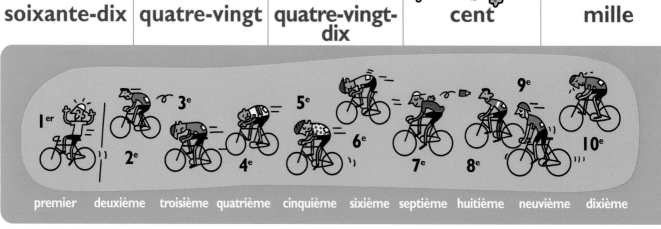

premier   deuxième   troisième   quatrième   cinquième   sixième   septième   huitième   neuvième   dixième

Les couleurs
et les formes

Los colores y las formas

rouge

bleu

jaune

rose

marron

gris

orange

vert

violet

blanc

noir

cercle

círculo

—

rond

redondo

—

carré

cuadrado

rectangle

rectángulo

—

losange

rombo

—

triangle

triángulo

Des jours et des mois

Los días y los meses

jour

día

" Quel jour sommes-
nous ? "

mois

mes

Il y a douze mois
dans une année.

heure

hora

" Quelle heure est-il,
s'il vous plaît ? "

emploi du temps

horario

L'emploi du temps
de la semaine.

montre

reloj de pulsera

Une montre donne
l'heure.

week-end

fin de semana

Sophie aime
les week-ends.

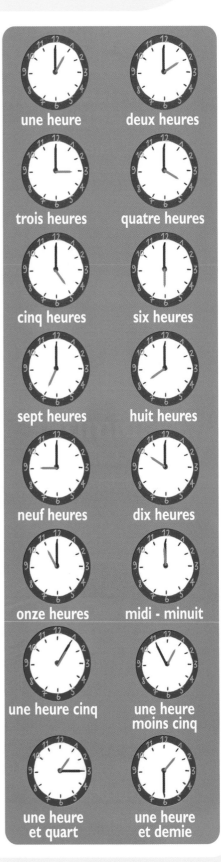

une heure	deux heures
trois heures	quatre heures
cinq heures	six heures
sept heures	huit heures
neuf heures	dix heures
onze heures	midi - minuit
une heure cinq	une heure moins cinq
une heure et quart	une heure et demie

l'heure
la hora

minute
minuto

heure
hora

seconde
segundo

une semaine
una semana

lundi	**mardi**	**mercredi**	**jeudi**	**vendredi**	**samedi**	**dimanche**
lunes	martes	miércoles	jueves	viernes	sábado	domingo

un an, une année
un año

janvier	**février**	**mars**	**avril**	**mai**	**juin**
enero	febrero	marzo	abril	mayo	junio

juillet	**août**	**septembre**	**octobre**	**novembre**	**décembre**
julio	agosto	septiembre	octubre	noviembre	diciembre

adulte

adulto

Pierre est
un adulte.

bébé

bebé

Adrien est un bébé.

garçon

chico

Luc est
un garçon.

enfant

niño, niña

Charles est un enfant.
Julie est une enfant.

gros, grosse

gordo, gorda

Lionel est gros.

fille

chica

Céline est
une fille.

homme

hombre

Marc et Jean sont
des hommes.

nom

nombre

" Mon nom est Anne. "

gens

gente

Des gens dans
une fête.

personne
persona
Pierre est
une personne.
Misti est un animal.

petit
pequeño
Le bébé est petit.

fort
fuerte
Yves est fort.

grand
alto
Nicolas est grand.

mince
delgado, delgada
Sarah est mince.

femme
mujer
Karine et Laurence
sont des femmes.

jeune
joven
Deux jeunes enfants.

vieux, vieille
viejo, vieja
Le grand-père
de Fred est vieux.
Sa grand-mère
est vieille.

quel âge... ?
¿cuántos años?

Quel âge
as-tu ?

J'ai trois
ans.

J'ai...ans.
Tengo...años.

Ma famille

Mi familia

mes grands-parents

mis abuelos

**mon
grand-père**
mi abuelo

**ma
grand-mère**
mi abuela

**mon
grand-père**
mi abuelo

**ma
grand-mère**
mi abuela

mes parents

mis padres

ma mère
mi madre

mon père
mi padre

ma tante
mi tía

mon oncle
mi tío

mon frère
mi hermano

moi
yo

ma sœur
mi hermana

mes cousins
mis primos

enfant

hijo, hija

Paul et Alice ont
deux enfants.

—

divorcé

divorciado

Les parents de Perrine
sont divorcés.

—

se marier

casarse

Martin et Anne
se marient.

mari

marido

Tante Anne et
son mari, Luc.

—

enceinte

embarazada

Laure est enceinte.

—

femme

esposa

Oncle Luc et sa
femme, Anne.

père, papa

padre, papá

David et son papa.

—

mère, maman

madre, mamá

David et sa maman.

—

fille - fils

hija - hijo

Ève et Jean Dupont
ont une fille
et un fils.

Le corps

El cuerpo

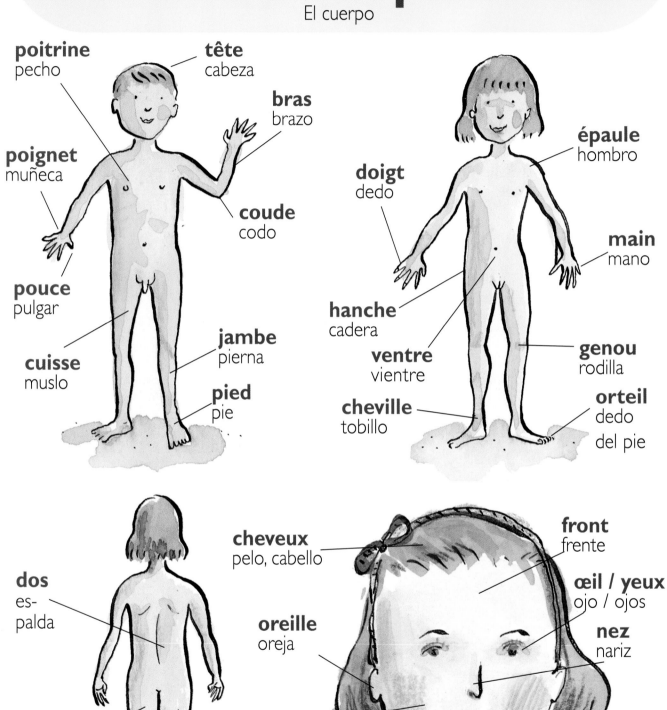

poitrine
pecho

tête
cabeza

bras
brazo

poignet
muñeca

coude
codo

pouce
pulgar

cuisse
muslo

jambe
pierna

pied
pie

doigt
dedo

épaule
hombro

main
mano

hanche
cadera

ventre
vientre

cheville
tobillo

genou
rodilla

orteil
dedo del pie

dos
es-palda

cheveux
pelo, cabello

front
frente

œil / yeux
ojo / ojos

nez
nariz

oreille
oreja

joue
mejilla

bouche
boca

fesses
trasero, nalgas

lèvre
labio

menton
mentón, barbilla

cou
cuello

talon
talón

sang

sangre

" Oh non ! Il y a du sang sur mon genou. "

—

langue

lengua

" Regarde ma langue ! "

dent

diente

Justin a une seule dent.

visage

cara

Romain se lave le visage.

—

ongle

uña

Fred mange ses ongles.

cheveux courts

pelo corto

cheveux longs

pelo largo

cheveux raides

pelo liso

cheveux frisés, bouclés

pelo rizado

Les cinq sens

Los cinco sentidos

dur
duro
C'est dur !

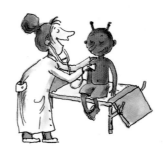

écouter
escuchar
" Écoutez-moi ! "

bruit
ruido
" Arrêtez ce bruit,
s'il vous plaît ! "

entendre
oír
Anna entend
la mer.

regarder
mirar
" Regarde le bateau ! "

bruyant
ruidoso
Les enfants sont
bruyants !

aïe !
¡ay!

atchoum !
¡achú!

chut !
¡shh!, ¡chitón!

ha ha !
¡ja, ja, ja!

voir
ver
" Tu vois
le bateau ? "

—

sentir
oler
Ce gâteau sent bon.

—

doux, douce
blando, blanda
C'est doux.

goûter
probar
Mehdi et Annie
goûtent le gâteau.

—

toucher
tocar
" Ne touche pas
au pain ! "

—

observer
observar
Paul observe l'oiseau.

froid
frío
Yvan a froid.

—

chaud
calor
Sophie a chaud.

—

brûlant
muy caliente
Le soleil est brûlant.

La santé

La salud

rhume

catarro

Charles a un rhume.

en bonne santé

sano, sana

Hugues est
en bonne santé.

malade

enfermo, enferma

Iris est malade.

dentiste

dentista

Sonia est chez
le dentiste.

hôpital

hospital

L'hélicoptère est sur
le toit de l'hôpital.

médicament

medicina

Iris doit prendre
ses médicaments.

médecin

médico

Denis est chez
le médecin.

Aïe !

avoir mal,
se faire mal

doler, lastimarse

" J'ai mal au genou ! "

avoir mal
au cœur

estar mareado

Simon a mal au cœur.

Chez le médecin

En la consulta

serrer
apretar

peser
pesar

vérifier
revisar

avaler
tragar

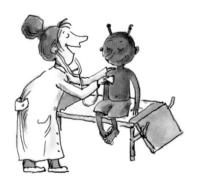

ausculter
auscultar

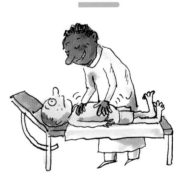

sentir, palper
explorar

mesurer
medir

examiner
examinar

tousser
toser

En mouvement

En movimiento

grimper
escalar
Éric grimpe.

sauter
saltar
Le chat saute.

bouger
moverse
" Ne bouge pas ! "

tomber
caer
Le chat tombe.

quitter
irse
Les enfants
quittent l'école.

courir
correr
Loïc court.

aller
ir
" Nous allons
à la plage ! "

être allongé
estar tumbado
Fanny est allongée
sur la plage.

être assis
estar sentado
Thomas est assis.

s'asseoir

sentarse

Betty s'assoit.

—

se lever

levantarse, ponerse de pie

" Lève-toi, s'il te plaît ! "

—

rester

quedarse

Luc reste au lit.

marcher

andar, caminar

Le bébé marche.

promenade

paseo

Une promenade
dans les bois...

Venez ici !

Descends,
Kitty !

venir

venir

—

descendre

bajar

—

Ne sortez
pas !

Monte,
Kitty !

sortir

salir

monter

subir

Les sentiments

Los sentimientos

avoir peur

tener miedo

Alfred a peur.

avoir honte

estar avergonzado

Alain a honte.

courageux

valiente

Betty est courageuse.

être en colère

estar enfadado

Marc est en colère !

s'ennuyer

aburrirse, estar aburrido

Denis s'ennuie.

intelligent

inteligente

Ce chat est intelligent !

bien aimer

gustar

Cyril aime bien
son jouet..

aimer

querer, amar

Lucie aime Pierre.

détester

odiar

Julie déteste
les épinards.

déçu
decepcionado
La princesse
est déçue !

excité
nervioso
Les enfants
sont excités !

se sentir
sentirse
Félix se sent bien.

effrayé
asustado
Anne est effrayée.

espérer
esperar
Émilie espère que
la pluie va s'arrêter.

gentil, gentille
amable
La dame est gentille.

paresseux,
paresseuse
perezoso, perezosa
" Lève-toi, paresseux ! "

rire
reír
Théo et Denis
aiment rire.

pleurer
llorar
Simon pleure.

manquer
extrañar
Le chat manque
à Rémi.

ravi
encantado
Les enfants sont ravis.

calme
tranquilo, tranquila
Yves et Paul
sont calmes.

humeur
humor
Max est de mauvaise
humeur. Sophie est
de bonne humeur.

préférer
preferir
Lucie aime le chocolat.
Sonia préfère
la vanille.

timide
tímido, tímida
Sarah est timide.

heureux, malheureux, content   triste
heureuse malheureuse

afortunado(a)   desgraciado(a)   contento(a)   triste
Anna est   Claire est   Amélie est   Samuel est
heureuse.   malheureuse.   contente..   triste.

sourire
sonreír
Simon sourit.

—

étonné
sorprendido
Emma est étonnée :
Cécile sait nager !

—

s'inquiéter
preocuparse
Maman s'inquiète :
Céline est en retard !

sévère
estricto, estricta
Le père de Sarah
est sévère.

—

caractère
carácter
Iris a mauvais
caractère !

—

poli
educado
Julie est polie.

—

stupide
tonto, tonta
Ce chat est stupide.

vouloir
querer
Le chat veut du lait.

malpoli
maleducado
Richard est malpoli.

oublier

olvidar

" N'oublie pas ton
écharpe ! "

———

deviner

adivinar

" Devine ce que j'ai
dans la main ? "

———

idée

idea

" J'ai une idée ! »

savoir ;
connaître

saber; conocer

" Je connais cette
histoire ! "

———

erreur

error

" Il y a une erreur ! "

———

problème

problema

M. Loup a
un problème.

se souvenir de

acordarse (de), recordar

Emma se souvient
du jour de Noël.

———

comprendre

entender

Je ne comprends pas.

———

se demander

preguntarse

William se demande
où sont ses bonbons.

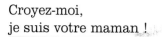
Croyez-moi,
je suis votre maman !

C'est vrai !

croire
creer

vrai
verdadero, verdad

Non, c'est un mensonge !

mensonge
mentira

Tu es sûr ?

C'est le loup !

sûr
seguro

Bien sûr !

Oui, c'est le loup !

bien sûr
por supuesto

Parler

Hablar

répondre

contestar, responder

Les enfants savent
répondre.

demander

preguntar

Thomas demande :
« Je peux sortir ? »

appeler

llamar

Maman appelle
Colin.

question

pregunta

Arthur pose
une question
à ses parents.

dire

decir

« Dis oui, s'il te plaît ! »

secret

secreto

Simon et Sarah ont
un secret.

crier

gritar

Les enfants crient.

Je parle
français.

parler

hablar

discuter

platicar, hablar

Fred et Tony discutent
dans leur lit.

dire, raconter

contar

Papa raconte
une histoire à Iris.

—

gronder

regañar

Maman gronde Tim
et Tom.

—

mot

palabra

" Chut !
Pas un mot ! "

que, quoi

qué

" C'est quoi ? "

—

où

dónde

" Où est mon
cartable ? "

—

qui

quién

" Qui est là ? "

—

pourquoi

por qué

Pourquoi
non ?

Non !

quand

cuándo

" On mange quand ? "

comment

cómo

" Comment ça marche ? "

La journée d'un enfant

El día de un niño

Éric se réveille.
Éric se despierta.

Éric se lève.
Éric se levanta.

Il prend son petit déjeuner.
Desayuna.

Puis, il **s'habille**.
Y luego se viste.

Il **va** à l'école.
Va a la escuela.

Il **travaille**
en classe.
Estudia en clase.

Il **déjeune**.
Come.

L'après-midi, il **est**
très **occupé**.
Por la tarde está muy ocupado.

Éric goûte.
Éric merienda.

L'école est finie.
La escuela ha terminado.

Éric s'amuse
avec son chien.
Éric juega con su perro.

Il prend son bain.
Se baña.

Il dîne avec son papa et sa maman.
Cena con sus padres.

Il est fatigué. Il se couche.
Está cansado. Se acuesta.

Éric s'endort. Dors bien, Éric !
Éric se duerme. ¡Buenas noches, Éric!

Les vêtements

La ropa

tee-shirt
camiseta

chaussette
calcetín

écharpe
bufanda

caleçon, culotte, sous-vêtements
calzoncillos, calzón, ropa interior

chemise de nuit
camisón

collants
medias
mallas

imper, imperméable
impermeable

casquette
gorra

jupe
falda

chemise
camisa

manteau
abrigo

blouson
chaqueta

ceinture
cinturón

chemisier
blusa

botte
bota

chaussure
zapato

gilet
chaleco

pantalon
pantalón

salopette
overol

robe
vestido
Une robe jaune.

chapeau
sombrero
Un chapeau rose.

jean
pantalón de mezclilla
Pierre adore son jean.

pull
suéter
Un pull vert
et un pull
rouge.

pyjama
pijama
Un pyjama jaune.

basket, tennis
tenis
Rex mange
les baskets.

nu
desnudo
Perrine
est nue.

s'habiller
vestirse
Perrine
s'habille.

mettre
ponerse
Perrine met
son pantalon.

enlever
quitarse
Perrine
enlève son
pantalon.

porter
llevar
Perrine porte
une jupe.

**être
habillé**
estar vestido
Perrine est
habillée.

Les repas

Las comidas

cuisiner, cuire

cocinar

Cathy apprend
à cuisiner.

manger

comer

Martin mange
du raisin.

avoir soif

tener sed

Emma a soif.

délicieux, délicieuse

delicioso, deliciosa

" Miam ! C'est
délicieux ! "

repas

comida (en general)

Un bon repas.

déjeuner

comida (al mediodía)

" Le déjeuner est prêt "

boire

beber

Tom boit. Tom et
le chat boivent.

petit déjeuner

desayuno

Rémi prend son petit
déjeuner.

dîner

cena

Au dîner, toute
la famille est là.

Le petit déjeuner

El desayuno

pain

pan

Denis adore le pain.

BEURK !

café

café

Nicolas n'aime pas
le café.

confiture

mermelada

Jeannette fait
de la confiture.

beurre

mantequilla

Du pain et du beurre.

miel

miel

Les abeilles font
du miel.

lait

leche

Les bébés boivent
du lait.

céréales

cereales

Céline mange
des céréales
au petit déjeuner.

avoir faim

tener hambre

Le chat a faim.

thé

té

La reine d'Angleterre
fait du thé.

La nourriture

Los alimentos

bœuf

carne de res

Un steak de bœuf.

frites

papas fritas

Charles adore
les frites.

farine

harina

Le pain est fait
avec de la farine.

J'aime
le fromage.

fromage

queso

poisson

pescado

Les poissons
cuisent.

jambon

jamón

Un sandwich
au jambon.

poulet

pollo

Le poulet est cuit !

sel

sal

Il y a beaucoup de sel !

poivre

pimienta

Il y a trop de poivre !

hamburger
hamburguesa
Lucas aime les hamburgers.

pizza
pizza
" Pizza au fromage ou au jambon ? "

sandwich
sándwich
Un gros sandwich.

saucisse
salchichas
Trois saucisses.

viande
carne
Le boucher vend de la viande.

riz
arroz
Le riz, c'est bon.

tranche
rebanada
" Prends une tranche de pain ! "

pâtes
pasta
Paul adore les pâtes.

œuf
huevo
Paul et Marie mangent un œuf.

à la coque - au plat
tibio - estrellado
Un œuf à la coque et deux œufs au plat.

Desserts
et sucreries

Postres y dulces

biscuit

galleta

Rex veut un biscuit.

gâteau

pastel

Un gâteau
d'anniversaire.

chocolat

chocolate

Rex veut du chocolat.

crème dessert

natilla

Camille adore
la crème dessert.

glace

helado

Iris aime la glace.

tarte

tarta

" Je peux goûter
ta tarte ? "

sucre

azúcar

" Le sucre n'est pas
bon pour toi ! "

bonbon

caramelo

Simon aime les
bonbons.

yaourt

yogur

Yasmine mange
un yaourt.

Les boissons

Las bebidas

soda, boisson gazeuse
refresco

jus de fruit
jugo de fruta

thé
té

cacao, chocolat chaud
chocolate caliente

lait
leche

eau
agua

vin
vino

café
café

cidre
sidra

Les légumes

Las verduras

haricot
ejote

chou-fleur
coliflor

concombre
pepino

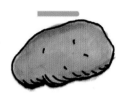

petit pois
chícharos

pomme de terre
papa

chou
col

poireau
poro

épinards
espinacas

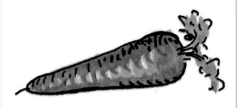

carotte
zanahoria

laitue
lechuga

tomate
tomate

Les fruits

Las frutas

pomme

manzana

banane

plátano

cerise

cereza

raisin

uva

citron

limón

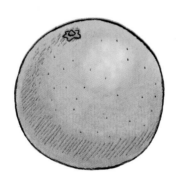

orange

naranja

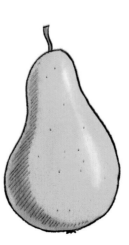

poire

pera

ananas

piña

prune

ciruela

fraise

fresa

À la maison

En casa

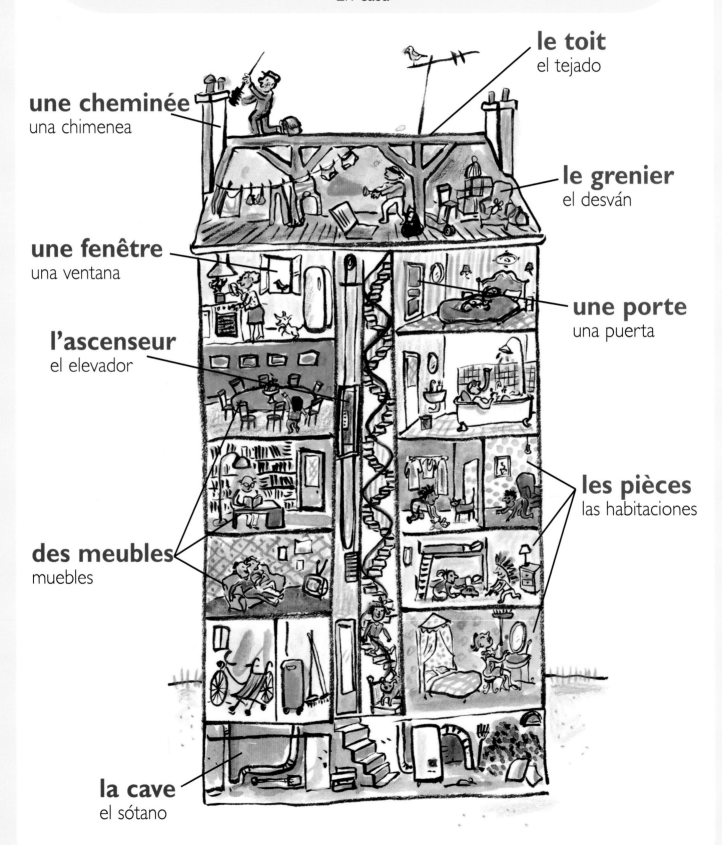

une cheminée
una chimenea

le toit
el tejado

le grenier
el desván

une fenêtre
una ventana

une porte
una puerta

l'ascenseur
el elevador

les pièces
las habitaciones

des meubles
muebles

la cave
el sótano

adresse

señas, dirección

" C'est mon adresse. "

clé

llave

mur

muro; pared

Rémi construit
un mur.

appartement

departamento

Luc vit dans
un appartement.

vivre, habiter

vivir

Lili vit à Paris.

escalier

escalera

Anne monte
les escaliers.

maison

casa

Une grande maison.

voisin

vecino

Laure et Nina sont
voisines.

en bas -
en haut

abajo - arriba

Luc va en bas.
Sophie va en haut.

Le salon

La sala

fauteuil

sillón

Mon grand-père est
dans son fauteuil.

confortable

cómodo

Le canapé est
confortable.

tiroir

cajón

" Tiroir, ouvre-toi ! "

étagère

librero

Les livres sont
sur l'étagère.

rideau

cortina

" Qui est derrière
le rideau ? "

feu - cheminée

fuego - chimenea

Frank fait un feu
dans la cheminée.

tapis

alfombra

Un tapis magique ?

coussin

cojín

Le chat est sur
le coussin.

sol

suelo

Le chat est sur le sol.

lampe
lámpara
La lampe est cassée.

radio
radio
Lucas écoute
la radio.

télévision
televisión
Paul regarde
la télévision.

lumière
luz
Il y a de la lumière
dans la rue.

canapé
sofá
Le chien est assis
sur le canapé.

vidéo
video (cinta)
" Tu veux voir la vidéo
de mes vacances ? "

journal
periódico
Nina lit le journal.

téléphone
teléfono
Lucie et Jean discutent
au téléphone.

magnétoscope
video (aparato)
Il y a une cassette
vidéo dans
le magnétoscope.

La chambre

La habitación

réveil
despertador

" Je déteste les réveils ! "

oreiller
almohada

Une bataille d'oreillers,
c'est super !

sonner
sonar

Le réveil sonne.

lit
cama

Betty est au lit.

couette
edredón

Le chat est sous
la couette.

drap
sábana

Teddy est sous
le drap.

couverture
manta

Pierre et Teddy sont
sous leur couverture.

éteindre
apagar

Maman éteint
la lumière.

allumer
encender

Simon allume
la lumière.

La salle de bains

El baño

bain - baignoire

baño - bañera

Julie prend son bain
dans la baignoire.

brosse à cheveux

cepillo (de pelo)

Cécile se coiffe avec
sa brosse à cheveux.

shampooing

champú

Denis se lave les cheveux
avec du shampooing.

douche

ducha

Nina prend
une douche.

gant - savon

guante - jabón

Sophie se frotte avec
un gant et du savon.

toilettes

escusado, retrete

Tom lit dans
les toilettes.

brosse à dents - dentifrice

cepillo - pasta (de dientes)

Tom se lave les dents
avec une brosse à
dents et du dentifrice.

serviette

toalla

Une grande serviette.

laver, se laver

lavar, lavarse

Tom
se lave
avec du
savon.

La cuisine

La cocina

bouteille

botella

La bouteille est vide.

placard

alacena

Les tasses sont
dans le placard.

casserole

cacerola

Papa lave la casserole.

chaise

silla

Charles est sur
une chaise.

réfrigérateur

refrigerador

Le lait est
au réfrigérateur.

table

mesa

Le poulet est
sur la table.

tasse

taza

Deux tasses.

four

horno

Le poulet est
dans le four.

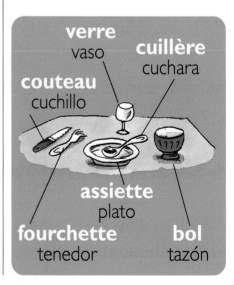

verre — vaso
cuillère — cuchara
couteau — cuchillo
assiette — plato
fourchette — tenedor
bol — tazón

Le jardin

El jardín

garage

garage

La voiture est
dans le garage.

pelouse

césped

Léo tond la pelouse.

balançoire

columpio

Loïc est
sur la balançoire.

barrière

reja

" Rex, reste derrière
la barrière ! "

échelle

escalera

Luc
monte
à l'échelle.

animal de compagnie

animal de compañía

" J'ai beaucoup
d'animaux de
compagnie ! "

tortue

tortuga

Les tortues sont vertes.

chien

perro

" Je déteste les chiens ! "

chat

gato

Un chat est sur le toit.

Les petites choses

Las cosas pequeñas

sac
bolsa
Un petit sac
dans un grand sac.

boîte
caja
Le chien est
dans la boîte.

ordinateur
computadora
Jules a un ordinateur.

colle
pegamento
Grand-père répare
le pot avec de la colle.

marteau
martillo
Henri tient un marteau.

bijou
joya
Julie adore les bijoux.

allumette
cerillo
Les allumettes
brûlent.

clou
clavo
" Tape sur le clou,
pas sur tes doigts ! "

photo,
photographie
foto, fotografía
Une photo
d'anniversaire.

image
ilustración
Lucie regarde
les images.

outil
herramienta
Un marteau est
un outil.

fonctionner
funcionar
" Ça fonctionne ! "

bague
anillo
Des bagues.

enveloppe
sobre
L'adresse est écrite
sur l'enveloppe.

carte postale
postal
Une carte postale
pour Pierre.

corde
cuerda
Paul tient son bateau
par une corde.

lettre
carta
Il y a beaucoup de
lettres pour Sophie.

timbre
estampilla
Un timbre sur
l'enveloppe.

Action !

¡Acción!

casser
romper

Sarah casse tout !

porter
llevar

Luc porte un gros sac.

faire
hacer

Diane fait de la gym.

apporter
traer

Grand-mère apporte
des bonbons.

attraper
atrapar

M. Martin a attrapé
un gros poisson !

laisser tomber
dejar caer

Denis a laissé tomber
un verre.

construire
construir

Paul construit
des maisons.

couper
cortar

Charles coupe
du papier.

remplir
llenar

Phil remplit le pot.

plier
doblar
Fred plie sa lettre.

—

recevoir
recibir
Gwen a reçu
un cadeau.

—

offrir
dar
Greg offre des fleurs
à sa mère.

rendre
devolver
" Rends-moi mon vélo,
s'il te plaît ! "

—

suspendre
colgar
Anne suspend
son manteau.

mettre
poner
Paul met une lettre
dans la boîte.

avoir
tener
Julie a une nouvelle
voiture.

—

donner -
garder
dar - guardar
" Donne-moi mon vélo !
– Non, je le garde ! "

poser
colocar (encima de algo)
Paula pose
ses valises.

faire, fabriquer
hacer, fabricar

Anne fabrique
une robe.

verser
servir, verter

Rémi verse le jus
d'orange.

recevoir
recibir

Grand-mère a reçu
une lettre.

mélanger
mezclar

Maman mélange
les œufs et le lait.

tirer
tirar (de), jalar

Lili tire les cheveux
de Paul.

ouvrir
abrir

La maîtresse ouvre
la porte.

avoir besoin de
necesitar

Luc a besoin d'aide.

pousser
empujar

Fred pousse
sa voiture.

fermer
cerrar

Claire ferme
la porte.

réparer

arreglar, reparar

Roger répare
les chaussures.

—

prendre

tomar, agarrar

Anne prend
son manteau.

—

utiliser,
se servir de

utilizar, usar

Louis utilise
le marteau.

envoyer

enviar

Sam envoie
une lettre.

—

lancer

lanzar

Ben lance le ballon.

—

chercher

buscar

Kevin cherche
son cartable.

—

trouver

encontrar

Kevin a trouvé
son cartable.

secouer

sacudir

M. Ours secoue
l'arbre.

essayer

intentar

" Je peux essayer ? "

S'entendre avec les autres

Las relaciones con los demás

ennuyer
fastidiar

« Arrête de m'ennuyer ! »

aider
ayudar

Henri aide son père.

s'occuper de
cuidar

Céline s'occupe de sa sœur.

déranger
molestar

Le bruit dérange le bébé.

embrasser
besar

Maman embrasse Lucie.

rencontrer
encontrarse

Marc est content de rencontrer Martin.

être d'accord
estar de acuerdo

Alex est d'accord pour jouer avec Agnès et Luc.

ne pas être d'accord
no estar de acuerdo

Paul et Lola ne sont pas d'accord..

se disputer
pelearse, discutir

" Arrêtez de vous disputer ! "

Expressions

Expresiones

Fais attention !
¡Ten cuidado!

Laissez-moi tranquille !
¡Déjenme en paz!

il y a
hay

Il y a un chien et six chats.

Bonne chance !
¡Buena suerte!

Tu en veux un ?

Bien sûr !

bien sûr
naturalmente

Que se passe-t-il ?
¿Qué pasa?

Ça ne fait rien !
¡No importa!
¡Da igual!

J'en ai assez !
¡Estoy harto!

Ça m'est égal !
¡Me da lo mismo!

À mon avis

En mi opinión

bon, bien

bueno, bien

meilleur, mieux

mejor

le meilleur, le mieux

el mejor, lo mejor

intéressant

interesante

passionnant

apasionante

génial, super

magnífico, genial

fantastique

fantástico

ennuyeux

aburrido

drôle

divertido

mauvais

malo

plus mauvais, pire

peor

le plus mauvais, le pire

el peor

facile

fácil

C'est facile !

—

difficile

difícil

C'est difficile !

juste

justo

Un partage juste.

—

injuste

injusto

Un partage injuste.

agréable

agradable

Un rêve agréable..

—

désagréable

desagradable

Un rêve désagréable.

dégoûtant

asqueroso

Denis est dégoûtant !

horrible

horrible

Ce chien est horrible !

effrayant

terrorífico

" C'est effrayant ! "

préféré

favorito, preferido

" Ma poupée préférée ! "

intelligent

inteligente

Ingrid est
une fille intelligente.

étrange, bizarre

raro, extraño

" C'est étrange ! "

agréable, charmant

agradable, encantador

Lucy est
charmante.

gentil, sympathique

amable, simpático

La maîtresse
est gentille.

joli

guapo

Peggy est
une jolie fille.

merveilleux

maravilloso

Une nuit
merveilleuse.

Les contraires

Los contrarios

vivant
vivo
Le chat est vivant.

mort
muerto
Le chat est mort.

haut
alto
C'est haut !

bas
bajo
C'est bas !

allumé
encendido
La radio est allumée.

éteint
apagado
La radio est éteinte.

petit
pequeño
Une petite souris.

grand
grande
Un grand éléphant.

propre
limpio
Une robe propre.

sale
sucio
Une robe sale.

mouillé
mojado
Les pieds mouillés.

sec
seco
Les pieds secs.

beau, belle
bonito,
bonita
" C'est beau ! "

laid
feo
" Tu es
vraiment laid ! "

vide
vacío
La boîte
de chocolats
est vide.

plein
lleno
La baignoire est
pleine.

neuf, neuve
nuevo, nueva
" Des chaussures
neuves ? "

vieux, vieille
viejo, vieja
Olivia aime les
vieilles robes.

lourd
pesado
Ce livre est
lourd.

léger
ligero
Les feuilles sont
légères.

même
mismo, igual
" On a les mêmes
chaussures ! "

différent
distinto, diferente
Denis et Luc
sont différents.

sombre
oscuro

clair
claro

endormi
dormido
Arthur est endormi.

réveillé
despierto
Alfred est réveillé.

profond
profundo
La rivière est profonde.

———

court
corto
Charlotte a
les cheveux courts.

long, longue
largo, larga
Rémi a une longue
écharpe.

plat
llano
La route est plate.

———

énorme
enorme
" Quel énorme
poisson ! "

minuscule
diminuto
La fourmi est
minuscule.

épais
grueso, gordo
Ce livre est épais !

alphabet

alfabeto, abecedario

Zorro connaît l'alphabet.

classe

clase (alumnos)

La classe de Cathy va à un pique-nique.

compter

contar

Charles compte.

tableau

pizarrón

« Regardez le tableau, s'il vous plaît. »

salle de classe

salón de clases

Les enfants sont dans la salle de classe.

bureau

pupitre

Lucie est à son bureau.

craie

gis

La craie est blanche.

juste, bon, exact

correcto, bien, exacto

C'est exact.

faux

mal, incorrecto

C'est faux !

dictionnaire

diccionario

Les dictionnaires
sont gros.

dessiner

dibujar

Paul dessine.

dessin

dibujo

« Quel beau dessin ! »

se bagarrer

pelearse, golpearse

Fred et Félix
se bagarrent.

ami, copain

amigo

Diane et Alex
sont amis.

maître,
maîtresse

maestro(a), profesor(a)

La maîtresse est
dans la classe.

apprendre

aprender

Laure apprend
un poème.

leçon

lección; clase

Une leçon de géométrie.

élève

alumno

Les élèves vont
à l'école.

peindre - pinceau

pintar - pincel

Marc peint
avec un pinceau.

crayon

lápiz

Sam écrit
avec un crayon.

cour de récréation

patio (de recreo)

La cour de récréation
est vide.

papier

papel

Le papier est blanc.

jouer

jugar

" Qui veut jouer ? "

récréation

recreo

C'est la récréation.

stylo

bolígrafo, pluma

Le stylo d'Élise
ne fonctionne pas.

travailler

trabajar

William et Sophie
travaillent.

devoirs

tarea

Julie fait
ses devoirs.

lire

leer

La maîtresse lit
une histoire.

montrer

enseñar (mostrar)

Les enfants montrent
un dessin
à la maîtresse.

bien

bien

Carole chante bien.

cartable

mochila

Les cartables sont
lourds.

enseigner,
apprendre à

enseñar (explicar)

Perrine enseigne
à Jules comment écrire.

Moi aussi,
je sais écrire !

écrire

escribir

Luc écrit.

livre

libro

Diane adore
les livres.

cahier

cuaderno

Émilie écrit
sur son cahier.

gomme
goma

règle
regla

trousse

estuche

Les sports

Los deportes

champion

campeón

" Je suis le champion ! "

match

partido

Le match est fini.

piscine

piscina

La piscine est profonde.

compétition

competencia

Les vainqueurs de la compétition.

course

carrera

" Prêt pour la course ? "

équipe

equipo

L'équipe de football.

gagner

ganar

" On a gagné ! "

vainqueur

ganador, vencedor

" On est les vainqueurs ! "

perdre

perder

Parfois, on perd...

football
futbol

boxe
boxeo

escrime
esgrima

ski
esquí

tennis
tenis

**saut
à la perche**
salto con
pértiga

rugby
rugby

gymnastique
gimnasia

basket
basquetbol

judo
judo

patinage
patinaje

natation
natación

Les loisirs

Los pasatiempos

ballon

balón

Diane joue
avec un ballon rouge.

carte

carta

" C'est la bonne carte ? "

bande dessinée, BD

cómic, historieta

Théo adore les BD.

vélo

bici(cleta)

Bernard roule
avec son vélo.

échecs

ajedrez

Paul joue aux échecs
avec son père.

danser

bailar

M. et Mme Durand
aiment danser.

appareil photo

cámara fotográfica

" Regarde l'appareil
photo ! "

cirque

circo

On s'amuse bien
au cirque !

poupée

muñeca

Iris a une grosse
poupée.

se déguiser
disfrazarse

Les enfants se sont déguisés.

inviter
invitar

Yann a invité ses amis.

pique-nique
picnic

" Super ! Une pizza pour le pique-nique ! "

jeu
juego

" J'adore ce jeu ! "

bille
canica

Les souris jouent aux billes.

marionnette
marioneta

Pierre joue avec une marionnette.

cache-cache
escondidas

Claire et Simon jouent à cache-cache.

musée
museo

Matthieu visite un musée avec son père.

roller
patín en línea

Les rollers, c'est dangereux !

spectacle
espectáculo
Un spectacle de magie.

—

jeu vidéo
videojuego
Les jeux vidéo,
c'est amusant !

visiter
visitar
Laure visite Versailles.

théâtre
teatro
Le théâtre,
c'est super !

—

dessin animé
dibujos animados
Les dessins animés,
c'est drôle !

—

cinéma
cine
Il y a un bon film
au cinéma.

jouet
juguete
Julie a beaucoup
de jouets.

acteur, actrice
actor, actriz
Luc est acteur.

film
película
Dakota Jones est
un film fantastique.

Musique !

La música

groupe

orquesta, grupo, banda

Bob et Bart jouent
dans un groupe.

guitare

guitarra

Rémi joue
de la guitare.

trompette

trompeta

Hugues joue
de la trompette.

tambour

tambor

Jules joue du tambour.

piano

piano

Pierre joue du piano.

violon

violín

Violette joue
du violon.

chanter

cantar

Simon chante...

chanson

canción

sa chanson préférée...

CD, cédérom

CD, (disco) compacto

pour son nouveau CD.

Les métiers

Los oficios

un fermier
un granjero

un architecte
un arquitecto

un maçon
un albañil

un plombier
un plomero

un boulanger
un panadero

un ingénieur
un ingeniero

une journaliste
una periodista

un caméraman
un camarógrafo

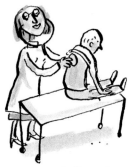

un médecin
un médico

un réceptionniste
un recepcionista

un professeur
un profesor

un musicien
un músico

un policier
un policía

un informaticien
un ingeniero
en sistemas

un banquier
un banquero

une secrétaire
una secretaria

devenir
convertirse, hacerse

Claire veut devenir professeur.

pompier
bombero

Les pompiers arrêtent le feu.

infirmière
enfermera

Les infirmières sont gentilles.

boucher
carnicero

Le boucher vend de la viande.

épicier
abarrotero

Un épicier vend de la nourriture.

facteur
cartero

Le facteur apporte les lettres.

pharmacien
farmacéutico

Le pharmacien vend des médicaments.

coiffeur
peluquero

Un coiffeur coupe les cheveux.

serveur, garçon
mesero

" Garçon, s'il vous plaît ! "

Les courses
Las compras

bonne affaire
ganga
" C'est une bonne affaire ! "

coûter
costar
" Ça coûte cher ! "

prix
precio
Le prix est sur la boîte.

acheter
comprar
M. et Mme Martin achètent beaucoup de nourriture.

un billet
un billete

une pièce
una moneda

argent
dinero

porte-monnaie
monedero
Un porte-monnaie vide…

monnaie
cambio
" Voici votre monnaie. "

payer
pagar
Perrine paye avec un billet.

vendre
vender
Jean vend des fleurs.

magasin
tienda

Charles travaille
dans un magasin.

commerçant
comerciante

Le boulanger
et le boucher sont
des commerçants.

dépenser
gastar

Cyril dépense tout son
argent en bonbons.

vendeur
dependiente

Le vendeur
est gentil.

courses
compras

Maman fait
les courses.

supermarché
supermercado

Kiki est
au supermarché.

gratuit
gratis

L'eau est
gratuite.

bon marché
barato

L'eau est
bon marché.

cher, chère
caro

Les rollers sont
chers.

banque
banco
Billy quitte la banque.

église
iglesia
Il y a un mariage
à l'église.

marché
mercado
M. Garnier fait ses
courses au marché.

immeuble,
bâtiment
edificio
Les immeubles
sont hauts.

hôtel
hotel
Paul va à l'hôtel.

bureau
oficina
Olivia travaille
dans un bureau.

café
cafetería
Les Dupont boivent
un soda au café.

bibliothèque
biblioteca
Lili aime aller
à la bibliothèque.

parc, square
parque
Peggy et Paul jouent
dans le parc.

trottoir
banqueta

Il y a deux personnes
sur le trottoir.

bureau de poste, poste
(oficina de) correos

Lou va à la poste.

rue
calle

Il y a une voiture dans
la rue.

commissariat
estación de policía

Un policier devant
le commissariat.

restaurant
restaurante

M. Robert est
au restaurant.

mairie
ayuntamiento

La mairie est peinte
en rose.

grande ville
ciudad (grande)
—
ville
ciudad (mediana)
pueblo (más pequeño)

capitale
capital
—
banlieue
afueras

Sur la route

En la carretera

accident

accidente

Un accident de voiture.

conduire

conducir

Paul conduit
l'ambulance.

moto

moto

La moto est bleue.

bus - arrêt de bus

autobús - parada de autobús

Le bus s'arrête
à l'arrêt de bus.

moteur

motor

Émilie regarde
le moteur.

autoroute

autopista

Les voitures roulent
vite sur l'autoroute.

traverser

cruzar

Claire traverse
la rue.

casque

casco

Hélène a
un casque rouge.

policier

(agente de) policía

" Oh non,
un policier ! "

faire du - monter à (vélo, cheval)

andar en (bicicleta)
montar a (caballo)
Éric fait du vélo.
Harold monte à cheval.

route

carretera
La route est agréable.

taxi

taxi
Un taxi jaune.

circulation

tráfico
Il y a de la circulation
sur la route.

embouteillage

embotellamiento
Les voitures sont dans
les embouteillages.

métro

metro
Luc et Marie
attendent le métro
sur le quai.

roue

rueda
Une voiture a
quatre roues.

vite

deprisa
La voiture va vite.
—

lent - rapide

lento - rápido
L'escargot est lent.
La voiture est rapide.

Les transports

Los transportes

voiture
coche

pare-brise
parabrisas

pare-chocs
defensa

volant
volante

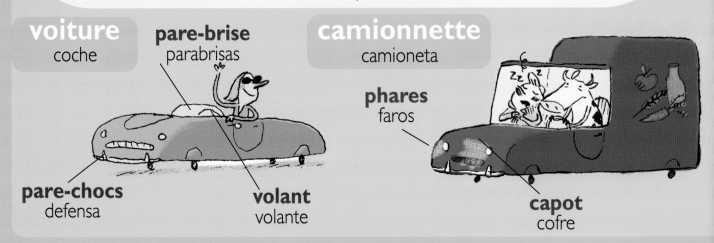

camionnette
camioneta

phares
faros

capot
cofre

vélo, bicyclette
bici(cleta)

guidon
manubrio

roue
rueda

pédale
pedal

moto
moto

selle
asiento

casque
casco

train
tren

passager
pasajero

wagon
vagón

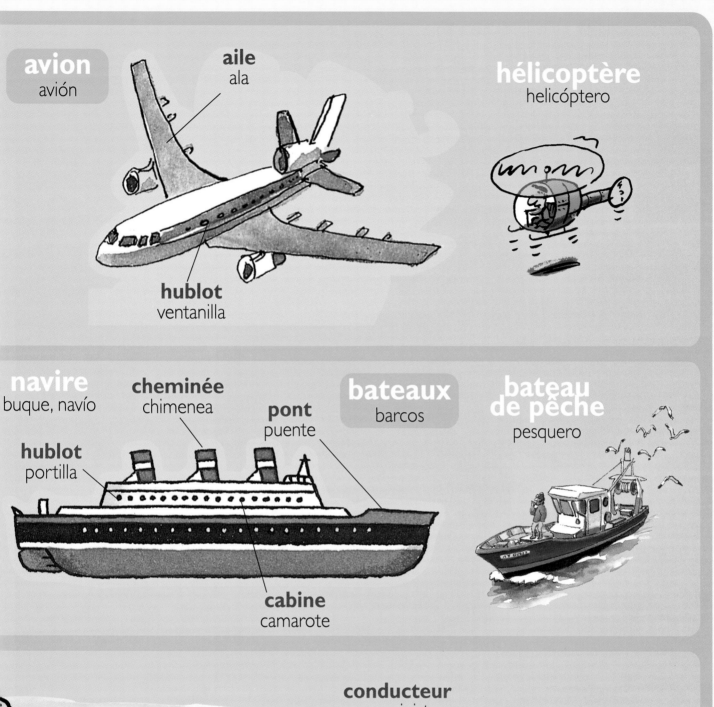

avion
avión

aile
ala

hublot
ventanilla

hélicoptère
helicóptero

navire
buque, navío

cheminée
chimenea

pont
puente

hublot
portilla

cabine
camarote

bateaux
barcos

bateau de pêche
pesquero

conducteur
maquinista

locomotive
locomotora

En voyage

De viaje

carte, plan

mapa, plano

Lucie regarde
la carte.

valise

maleta

Théo porte
une grosse valise.

aéroport

aeropuerto

Anne et Paul sont
à l'aéroport.

Billet, s'il vous plaît !

vacances

vacaciones

" Youpi ! On est
en vacances ! "

rater

perder

Sophie va rater
le train.

billet, ticket

boleto

bagages

equipaje

Luc a beaucoup
de bagages.

gare

estación

Il y a beaucoup
de gens à la gare.

voyager

viajar

Tom voyage en avion.

Les sports d'hiver

Los deportes de invierno

glace
hielo
Un igloo sur la glace.

skier
esquiar
Suzy et Simon skient.

neige
nieve
Les enfants jouent dans la neige.

patiner
patinar
Yann adore patiner.

faire de la luge
deslizarse en trineo
Sam fait de la luge.

bonhomme de neige
muñeco de nieve
« Ce bonhomme de neige est énorme !»

montagne
montaña
Martin est au sommet de la montagne.

skis
esquíes

anorak
chamarra

gants
guantes

bâtons de ski
bastones de esquí

lunettes de soleil
lentes de sol

pantalon
pantalón

bottes
botas

Au bord de la mer

En la playa

plage

playa

Nicolas et Lou vont
à la plage.

crabe

cangrejo

Le crabe marche
sur le sable.

île

isla

Une petite île.

rocher

roca

Un gros rocher.

voilier

velero

Les Garnier ont
un voilier.

sable

arena

Sam et Marie jouent
sur le sable.

château
de sable

castillo de arena

Les enfants font
un château de sable.

mer

mar

La mer est bleue.

bord de mer

costa, orilla del mar

L'été en bord
de mer.

ombre - parasol

sombra - sombrilla

Papa est à l'ombre
du parasol.

—

coquillage

concha

Une collection
de coquillages.

lunettes de soleil

lentes de sol

Jean porte des
lunettes de soleil.

—

nager

nadar

Simon nage.

maillot de bain

traje de baño

Suzy a un maillot
de bain rouge.

—

vague

ola

Un petit bateau
sur une grosse vague.

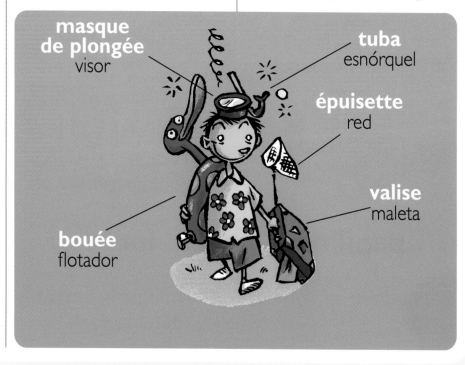

masque de plongée visor

tuba esnórquel

épuisette red

valise maleta

bouée flotador

À la campagne

En el campo

animal

animal

Une vache est
un animal.

—

oiseau, oiseaux

pájaro, pájaros

Il y a deux oiseaux :
un grand et un petit.

—

papillon

mariposa

Des papillons jaunes.

fleur

flor

Les fleurs sentent bon.

—

voler

volar

Les oiseaux volent.

—

forêt

bosque

Les enfants jouent
dans la forêt.

renard

zorro

Le renard aime
les poules.

—

grenouille

rana

La grenouille saute.

—

herbe

hierba

Greg et Gwen jouent
dans l'herbe.

insecte

insecto

Les insectes sont petits.

chouette - hibou

lechuza - búho

Un hibou sur une branche.

arbre

árbol

Les arbres ont des feuilles.

feuille

hoja

Les feuilles tombent en automne.

rivière

río

Éric pêche dans la rivière.

village

pueblo

Le village est près de la rivière.

champignon

seta, hongo

Certains champignons sont dangereux.

écureuil

ardilla

Un écureuil mange une noisette.

bois

bosque

Un oiseau rouge se promène dans le bois.

À la ferme

En la granja

grange

granero

Les enfants jouent
dans la grange.

âne

asno, burro

L'âne est petit,
le cheval est grand.

champ

campo

Les vaches sont
dans le champ.

Cocorico !

coq

gallo

Le coq crie :
« Cocorico ! »

canard - mare

pato - estanque

Le canard nage
dans la mare.

chèvre

cabra

Les chèvres donnent
du lait.

vache

vaca

La vache est tranquille.

fermier

granjero

Le fermier est
dans sa ferme.

poule - poussin

gallina - pollito

Deux poules, un coq et
un poussin.

cheval

caballo

Les chevaux mangent
de l'herbe.

souris

ratón

Les souris aiment
le fromage.

cochon

cerdo

Le cochon est rose.

lapin

conejo

Les lapins mangent
des carottes.

mouton

oveja

Les moutons sont
blancs.

tracteur

tractor

Tom a un tracteur.

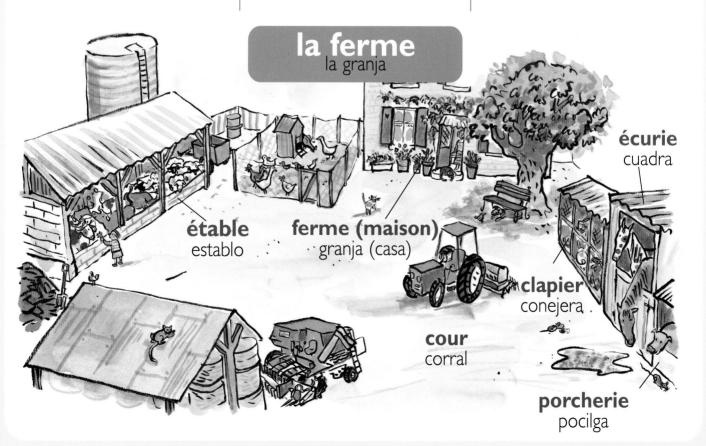

la ferme
la granja

écurie
cuadra

étable
establo

ferme (maison)
granja (casa)

clapier
conejera

cour
corral

porcherie
pocilga

Au zoo

En el zoológico

girafe
jirafa

chameau
camello

kangourou
canguro

crocodile
cocodrilo

éléphant
elefante

dauphin
delfín

aigle
águila

singe
mono

perroquet
loro

lion
león

tigre
tigre

zèbre
cebra

pingouin
pingüino

autruche
avestruz

ours
oso

loup
lobo

97

Le temps qu'il fait

El tiempo que hace

souffler
soplar

Le vent souffle.

nuage
nube

Le nuage est noir.

pleuvoir
llover

" Super, il pleut ! "

soleil, beau temps
sol, buen tiempo

—

vent
viento

neige
nieve

—

orage
tormenta

pluie
lluvia

arc-en-ciel
arco iris
Un bel
arc-en-ciel.

briller
brillar
Le soleil brille.

tempête
tempestad
Une tempête en mer.

parapluie
paraguas
Un grand parapluie.

les quatre saisons
Las cuatro estaciones

printemps
primavera

été
verano

automne
otoño

hiver
invierno

froid
frío
" Il fait
froid
dehors ! "

doux
templado
" Il fait
doux
dedans ! "

frais
fresco
" Un bain frais,
c'est bon ! "

chaud
calor
" Il fait chaud ! "

99

astronaute
astronauta

" Qui êtes-vous ?
– Je suis un astronaute ! "

Terre
Tierra

Le Soleil éclaire
la Terre.

Lune
Luna

Un homme sur la Lune.

ciel
cielo

La Lune brille
dans le ciel.

vaisseau spatial
nave espacial

L'astronaute voyage
dans un vaisseau
spatial.

étoile
estrella

Des étoiles dans le ciel.

soleil
sol

La Terre tourne
autour du Soleil.

univers
universo

L'univers est
très grand.

monde
mundo

Il y a une carte du
monde dans la classe.

Faisons la fête !

anniversaire
cumpleaños
" Joyeux anniversaire ! "

feu d'artifice
fuegos artificiales
Des feux d'artifice
sur la plage.

fête
fiesta
M. et Mme Martin
dansent à la fête.

Noël
Navidad
" C'est Noël
aujourd'hui ? "

Halloween
Halloween
Les enfants se déguisent
pour Halloween.

cadeau
regalo
Un cadeau pour Cathy.

Pâques
Pascua, Semana Santa
Des œufs de Pâques.

Nouvel An - bonne année !
Año Nuevo - ¡feliz Año Nuevo!
Au Nouvel An, on dit :
" Bonne année ! "

mariage
boda
Un gâteau de mariage.

Le temps qui passe

El tiempo que pasa

encore
todavía

" Il pleut encore ! "

---

maintenant
ahora

Sophie doit y aller
maintenant.

---

quelquefois
a veces

Quelquefois, Tom va
à l'école avec son lapin.

se dépêcher
apurarse

" Dépêche-toi,
Anne ! "

---

souvent
a menudo

Il fait souvent froid
en hiver.

---

bientôt
pronto

Bientôt ce sera
Noël.

prochain
próximo, que viene

" L'année prochaine,
tu iras là ! "

---

prêt
listo

Rachel est
prête
pour aller
à l'école.

---

arrêter
parar

" Arrête de pleurer,
mon chéri ! "

ensuite, puis
a continuación, después

La souris mange
des chips. Ensuite, elle
mangera du gâteau.

ce soir
esta noche

M. Coq et Mme Poule
sortent ce soir.

attendre
esperar

William attend
Fanny.

quand
cuando

Quand il pleut,
Julie met son
imperméable jaune.

matin
mañana

Marc se lève tôt
le matin.

après-midi
tarde

L'après-midi, Albert
joue au football.

soir
tarde - noche

Le soir, Albert
regarde la télévision.

jour
día

" C'est un beau
jour ! "

nuit
noche

" C'est une nuit
calme ! "

hier
ayer
Hier, Robert a écrit
une lettre.

avant
antes
Pierre avant
le match.

après
después
Pierre après
le match.

aujourd'hui
hoy
Aujourd'hui, Robert
envoie sa lettre.

toujours
siempre
Alice dort toujours
avec son ours.

jamais
nunca
Nelly ne sort jamais
sans son ours.

demain
mañana
Demain, Tom lira
la lettre.

encore, toujours
todavía, aún
Éric est encore
endormi.

d'habitude
normalmente
D'habitude, Paula
se lave les dents
après les repas.

tôt

temprano

Le coq se lève tôt !

tard - en retard

tarde - retraso

" Il est tard, nous sommes en retard ! "

lentement

lentamente

La tortue marche lentement.

—

commencer

empezar

Les enfants commencent leurs dessins.

terminer

terminar

Les enfants ont terminé leurs dessins.

rapidement

rápidamente, rápido

La voiture avance rapidement.

—

l'année dernière

el año pasado

L'année dernière, Lucie avait cinq ans.

l'année prochaine

el año que viene

L'année prochaine, Lucie aura sept ans.

vite

deprisa

" Vite ! J'ai besoin d'aide ! "

Ici et là

Aquí y allí

autour (de)
alrededor (de)
Les enfants courent autour de Richard.

à côté (de)

al lado (de)
Marie est assise à côté de sa maman.

place

sitio, lugar
" C'est ma place ! "

chez

en casa de
Denis est chez le médecin.

par-dessus, au-dessus (de)

por encima (de) - sobre
L'avion vole au-dessus de la ville.

à travers

a través
La route passe à travers le village.

entre

entre
Cyril est entre Papa et Maman.

où
dónde
" Où est-elle ? "

ici
aquí
" Elle n'est pas ici ! "

là
allí
" Elle n'est pas là ! "

devant
delante
La Reine est devant
son miroir.

derrière
detrás
Anne est
derrière Luc.

sur
sobre
La voiture est
sur le pont.

partout - nulle part
por todas partes - en ningún sitio
Émilie regarde partout. Jean n'est nulle part.

sous
debajo de, bajo
Le chat est
sous la table.

près
cerca
Sarah habite
près du parc.

loin
lejos
Mais elle habite
loin de l'école.

à l'intérieur - à l'extérieur
dentro - fuera
Woofy est à l'intérieur.
Spike est à l'extérieur.

dans
dentro de, en
Rex entre
dans la maison.

———

dehors, hors de
fuera, fuera de
" Reste dehors ! "

en haut - en bas
arriba - abajo
Fred est en haut.
Lou est en bas.

sommet
cima
Tom est au sommet !

fond
fondo
Les poissons sont
au fond de la mer.

direction
dirección
" Quelle est la bonne
direction ? "

———

à droite
a la derecha "
Pas
à droite... "

à gauche
a la izquierda
" Pas
à gauche... "

tout droit
todo derecho
" Allons
tout droit ! "

Du début jusqu'à la fin

De principio a fin

commencer

empezar

Il commence à pleuvoir.

suivre

seguir

" Suivez-moi
les enfants ! "

milieu

medio, mitad

Au milieu
de la nuit.

tour

turno

" C'est mon tour ! "

début

principìo

C'est le début
du match.

fin

fin, final

C'est la fin
du match.

premier

primero

A est
la première lettre
de l'alphabet
français.

deuxième

segundo

Fred est
premier. Simon
est deuxième.

troisième

tercero

Théo est
troisième.

dernier

último

Léo est toujours
le dernier.

Les quantités

Las cantidades

tout, tous, toutes

todo, todos, todas

Tous les enfants
aiment les bonbons.

assez (de)

bastante, suficiente

" Il y a assez
de lait ! "

chaque

cada

" Ils veulent des
bonbons chaque jour ! "

moitié

mitad

" La moitié pour toi,
la moitié pour moi ! "

moins

menos

" Moins, s'il vous plaît ! "

plus

más

" Plus, s'il vous plaît ! »

beaucoup (de)

mucho, mucha

" Beaucoup de spaghetti,
s'il vous plaît ! "

un peu (de)

un poco (de)

" Seulement un peu,
s'il vous plaît ! "

pas de

nada de

" Pas de spaghetti,
merci ! "

presque
casi

Jean a
presque fini.

certains – quelques-uns
ciertos - algunos

Certains enfants
sont grands, quelques-
uns sont petits.

trop
demasiado

" C'est trop
dur ! "

morceau, bout
pedazo, trozo

" Qui veut
un morceau de tarte ? "

combien
cuántos

" Combien y a-t-il
de pommes ? "

une grosse part
un trozo grande

Anne veut
une grosse part.

reste
sobras

" Je peux manger
le reste ? "

trop (de)
demasiado

" Il y a trop
de pommes ! "

presque tout
casi todo

Anne a presque
tout mangé.

Un peu de grammaire

Un poco de gramática

YO...

je → yo
tu → tú
il → él
elle → ella
on → se
nous → nosotros
vous → ustedes
ils → ellos
elles → ellas

je mange → yo como

ME...

me, moi → me, mí
te, toi → te, ti
le, lui → lo, le
la, lui → la, le
le, la, lui → lo, la, le
nous → nos
vous → les
les, eux, leur → los, las, les

donne-moi... → dame...

MI...

mon, ma, mes → mi, mis
ton, ta, tes → tu, tus
son, sa, ses → su, sus
son, sa, ses → su, sus
notre, nos → nuestro(s/as)
notre, nos → nuestro(s/as)
votre, vos → su, sus
leur → su
leurs → sus

...mon livre → mi libro

LOS ARTÍCULOS

Masculino

En masculino se usan

un y **le**

un garçon → un chico
le garçon → el chico

Femenino

En femenino se usan

une y **la**

une fille → una chica
la fille → la chica

Plural

En plural se utilizan

des y **les**

des enfants → unos niños
les enfants → los niños

Para designar, utilizamos **ce** y **cet** en masculino, **cette** en femenino y **ces** en plural.

Masculino

ce, cet ⇝ este

Se pone **ce** delante de consonante y **cet** delante de vocal (a, e, i, o, u)

ce garçon est gentil
⇝ **este** chico es amable

cet enfant sourit
⇝ **este** niño sonríe

ce livre est gros
⇝ **este** libro es grande

cet avion est gros
⇝ **este** avión es grande

ce chat est gris
⇝ **este** gato es gris

cet insecte vole
⇝ **este** insecto vuela

Femenino

cette ⇝ esta

cette fille est triste
⇝ **esta** chica está triste

cette souris est grise ⇝ **este** ratón es gris

cette assiette est blanche ⇝ **este** plato es blanco

cette image est belle ⇝ **esta** imagen es bonita

Plural

ces ⇝ estos, estas

ces enfants s'amusent
⇝ **estos** niños se divierten

ces souris sont grises
⇝ **estos** ratones son grises

LOS ADJETIVOS

El adjetivo concuerda con el nombre al que se refiere: en femenino, hay que añadir una **e**.

un **petit** garçon
⇝ un niño

une **petite** fille
⇝ una niña

EL PLURAL

Generalmente, se añade una **s** para formar el plural tanto de nombres como de adjetivos.

des **petits** enfants ⇝ uno**s** niño**s**

des **petits** garçons ⇝ unos niños
des **petites** filles ⇝ unas niñas

¿CUÁNTOS?

¿cuántos libros?
(podemos contar los **libros**)

quelques livres
↳ **algunos** libros

beaucoup de livres
↳ **muchos** libros

trop de livres
↳ **demasiados** libros

pas de livres
↳ **ningún** libro

¿cuánta leche?
(la **leche** no se puede contar)

un peu de lait
↳ **un poco de** leche

beaucoup de lait
↳ **mucha** leche

trop de lait
↳ **demasiada** leche

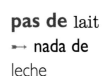

pas de lait
↳ **nada de** leche

LOS COMPARATIVOS

Para comparar utilizamos **plus ... que**, **moins ... que**, **aussi ... que**.

Le chat est **plus** gros **que** la souris
↳ El gato es **más** grande **que** el ratón.

La souris est **moins** grosse **que** le chat
↳ El ratón es **menos** grande **que** el gato.

Le chat brun est **aussi** gros **que** le chat gris
↳ El gato marrón es **tan** grande **como** el gato gris.

LOS VERBOS REGULARES

Los verbos en francés se conjugan para indicar el presente, el pasado o el futuro.
Muchos verbos son irregulares.

chanter ⇥ cantar

Presente

je chant**e** ⇥ yo canto
tu chant**es** ⇥ tú cantas
il, elle, on chant**e** ⇥ él, ella canta
nous chant**ons** ⇥ nosotros cantamos
vous chant**ez** ⇥ ustedes cantan
ils, elles chant**ent** ⇥ ellos, ellas cantan

Pretérito perfecto

j'**ai** chant**é** ⇥ yo canté
tu **as** chant**é** ⇥ tú cantaste
il, elle, on **a** chant**é** ⇥ él, ella cantó
nous **avons** chant**é** ⇥ nosotros cantamos
vous **avez** chant**é** ⇥ ustedes cantaron
ils, elles **ont** chant**é** ⇥ ellos, ellas cantaron

Imperfecto

je chant**ais** ⇥ yo cantaba
tu chant**ais** ⇥ tú cantabas
il, elle, on chant**ait** ⇥ él, ella, cantaba
nous chant**ions** ⇥ nosotros cantábamos
vous chant**iez** ⇥ ustedes cantaban
ils, elles chant**aient** ⇥ ellos, ellas cantaban

Futuro

je chant**erai** ⇥ yo cantaré
tu chant**eras** ⇥ tú cantarás
il, elle, on chant**era** ⇥ él, ella cantará
nous chant**erons** ⇥ nosotros cantaremos
vous chant**erez** ⇥ ustedes cantarán
ils, elles chant**eront** ⇥ ellos, ellas cantarán

finir ⇥ acabar

Presente

je fin**is** ⇥ yo acabo
tu fin**is** ⇥ tú acabas
il, elle, on fin**it** ⇥ él, ella acaba
nous fin**issons** ⇥ nosotros acabamos
vous fin**issez** ⇥ ustedes acaban
ils, elles fin**issent** ⇥ ellos, ellas acaban

Pretérito perfecto

j'**ai** fin**i**, tu **as** fin**i**, etc. ⇥ yo acabé,
tú acabaste, etc.

Imperfecto

(Las terminaciones son las mismas
que para **chanter**.)
je fin**issais**, tu fin**issais**, etc.
⇥ yo acababa, tú acababas, etc.

Futuro

je fin**irai**, ⇥ yo acabaré
tu fin**iras**, etc. ⇥ tú acabarás, etc.

LOS VERBOS IRREGULARES

être ⤳ ser

Presente

je **suis** ⤳ yo soy

tu **es** ⤳ tú eres

il, elle, on **est** ⤳ él, ella es

nous **sommes** ⤳ nosotros somos

vous **êtes** ⤳ ustedes son

ils, elles **sont** ⤳ ellos, ellas son

Pretérito perfecto

j'**ai été**, tu **as été**, etc. ⤳ yo fui, tú fuiste

Imperfecto

j'**étais**, tu **étais**, etc. ⤳ yo era, tú eras…

Futuro

je **serai**, tu **seras**, etc. ⤳ yo seré, tú…

---

aller ⤳ ir

Presente

je **vais** ⤳ yo voy

tu **vas** ⤳ tú vas

il, elle, on **va** ⤳ él, ella va

nous **allons** ⤳ nosotros vamos

vous **allez** ⤳ ustedes van

ils, elles **vont** ⤳ ellos, ellas van

Pretérito perfecto

je **suis** all**é(e)** ⤳ yo fui

tu **es** all**é(e)** ⤳ tú fuiste

il, elle, on **est** all**é(e)** ⤳ él, ella fue

nous **sommes** all**é(e)s** ⤳ nos. fuimos

vous **êtes** all**é(e)s** ⤳ uds. fueron

ils, elles **sont** all**é(e)s** ⤳ ellos(as) fueron

Imperfecto

j'all**ais**, tu all**ais**, etc. ⤳ yo iba, tú ibas…

Futuro

j'**irai**, tu **iras**, etc. ⤳ yo iré, tú irás…

avoir ⤳ haber / tener

Presente

j'**ai** ⤳ yo he

tu **as** ⤳ tú has

il, elle, on **a** ⤳ él, ella ha

nous **avons** ⤳ nosotros hemos

vous **avez** ⤳ ustedes han

ils, elles **ont** ⤳ ellos, ellas han

Pretérito perfecto

j'**ai eu**, tu **as eu**, etc. ⤳ yo hube, tú hubiste…

Imperfecto

j'av**ais**, tu av**ais**, etc. ⤳ yo había, tú habías…

Futuro

j'**aurai**, tu **auras**, etc. ⤳ yo habré, tú habrás…

---

venir ⤳ venir

Presente

je **viens** ⤳ yo vengo

tu **viens** ⤳ tú vienes

il, elle, on **vient** ⤳ él, ella viene

nous ven**ons** ⤳ nosotros venimos

vous ven**ez** ⤳ ustedes vienen

ils, elles **viennent** ⤳ ellos, ellas vienen

Pretérito perfecto

je **suis** ven**u(e)**, tu **es** ven**u(e)**, etc.

⤳ yo vine, tú viniste…

Imperfecto

je ven**ais**, tu ven**ais**, etc.

⤳ yo venía, tú venías…

Futuro

je **viendrai**, tu **viendras**, etc.

⤳ yo vendré, tú vendrás…

faire ⇢ hacer

Presente

je **fais** ⇢ yo hago
tu **fais** ⇢ tú haces
il, elle, on **fait** ⇢ él, ella hace
nous **faisons** ⇢ nos. hacemos
vous **faites** ⇢ uds. hacen
ils, elles **font** ⇢ ellos, ellas hacen

Pretérito perfecto

j'**ai fait**, tu **as fait**, etc.
⇢ yo hice, tú hiciste…

Imperfecto

je **faisais**, tu **faisais**, etc.
⇢ yo hacía, tú hacías…

Futuro

je **ferai**, tu **feras**, etc.
⇢ yo haré, tú harás…

devoir ⇢ deber

Presente

je **dois** ⇢ yo debo
tu **dois** ⇢ tú debes
il, elle, on **doit** ⇢ él, ella debe
nous dev**ons** ⇢ nos. debemos
vous dev**ez** ⇢ uds. deben
ils, elles **doivent** ⇢ ellos(as) deben

Pretérito perfecto

j'**ai dû**, tu **as dû**, etc.
⇢ yo debí, tú debiste…

Imperfecto

je dev**ais**, tu dev**ais**, etc.
⇢ yo debía, tú debías…

Futuro

je dev**rai**, tu dev**ras**, etc.
⇢ yo deberé, tú deberás…

pouvoir ⇢ poder

Presente

je **peux** ⇢ yo puedo
tu **peux** ⇢ tú puedes
il, elle, on **peut** ⇢ él, ella puede
nous pou**vons** ⇢ nos. podemos
vous pou**vez** ⇢ uds. pueden
ils, elles **peuvent** ⇢ ellos(as) pueden

Pretérito perfecto

j'**ai pu**, tu **as pu**, etc.
⇢ yo pude, tú pudiste…

Imperfecto

je pou**vais**, tu pou**vais**, etc.
⇢ yo podía, tú podías…

Futuro

je pou**rrai**, tu pou**rras**, etc.
⇢ yo podré, tú podrás…

voir ⇢ ver

Presente

je **vois** ⇢ yo veo
tu **vois** ⇢ tú ves
il, elle, on **voit** ⇢ él, ella ve
nous **voyons** ⇢ nos. vemos
vous **voyez** ⇢ uds. ven
ils, elles **voient** ⇢ ellos(as) ven

Pretérito perfecto

j'**ai vu**, tu **as vu**, etc.
⇢ yo ví, tú viste…

Imperfecto

je **voyais**, tu **voyais**, etc.
⇢ yo veía, tú veías…

Futuro

je **verrai**, tu **verras**, etc.
⇢ yo veré, tú verás…

vouloir

⇢ querer

La misma conjugación que **poder**:

je **veux** ⇢ yo quiero
(nous vou**lons**)
⇢ (nosotros queremos)

Pretérito perfecto

j'**ai** vou**lu**
⇢ yo quise

Imperfecto

je vou**lais**
⇢ yo quería

Futuro

je vou**drai**
⇢ yo querré

croire

⇢ creer
La misma conjugación que **ver**:
je **crois**
⇢ yo creo
(nous **croyons**)
⇢ (nosotros creemos)

Pretérito perfecto

j'**ai cru**
⇢ yo creí

Imperfecto

je **croyais**
⇢ yo creía

Futuro

je **croirai**
⇢ yo creeré

prendre → tomar

Presente

je **prends** → yo tomo
tu **prends** → tú tomas
il, elle, on **prend** → él, ella toma
nous **prenons** → nosotros tomamos
vous **prenez** → ustedes toman
ils, elles **prennent** → ellos toman

Pretérito perfecto

j'**ai pris**, tu **as pris**, etc.
→ yo tomé, tú tomaste…

Imperfecto

je **prenais**, tu **prenais**, etc.
→ yo tomaba, tú tomabas…

Futuro

je prend**rai**, tu prend**ras**, etc.
→ yo tomaré, tú tomarás…

EL IMPERATIVO

Verbo regular

Verbo irregular

Joue avec moi !
→ ¡Juega conmigo!

Ne joue pas avec moi !
→ ¡No juegues conmigo!

Jouez avec nous ! →
¡Jueguen con nosotros!

Vas-y !
→ ¡Ve!

N'y va pas !
→ ¡No vayas!

Allons-y !
→ ¡Vamos!

Allez-y !
→ ¡Vayan!

Les principaux sons du français

Los principales sonidos del francés

Las vocales

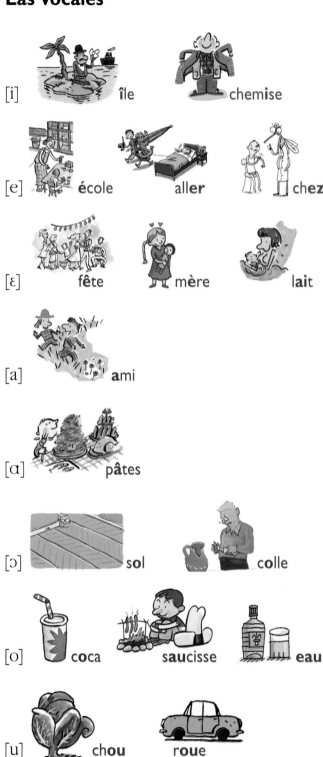

[i] île · chemise

[e] école · aller · chez

[ɛ] fête · mère · lait

[a] ami

[ɑ] pâtes

[ɔ] sol · colle

[o] coca · saucisse · eau

[u] chou · roue

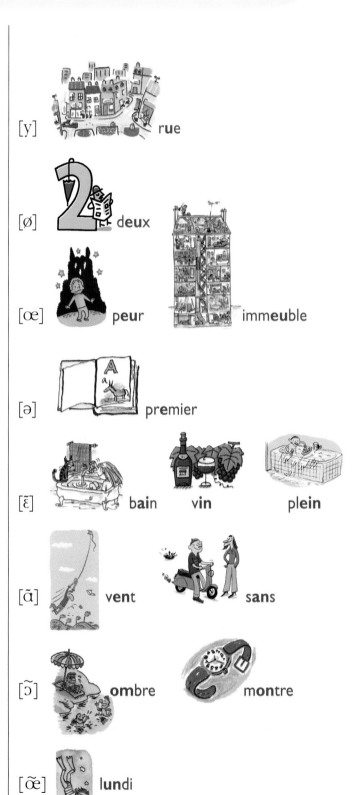

[y] rue

[ø] deux

[œ] peur · immeuble

[ə] premier

[ɛ̃] bain · vin · plein

[ã] vent · sans

[ɔ̃] ombre · montre

[œ̃] lundi

Las consonantes

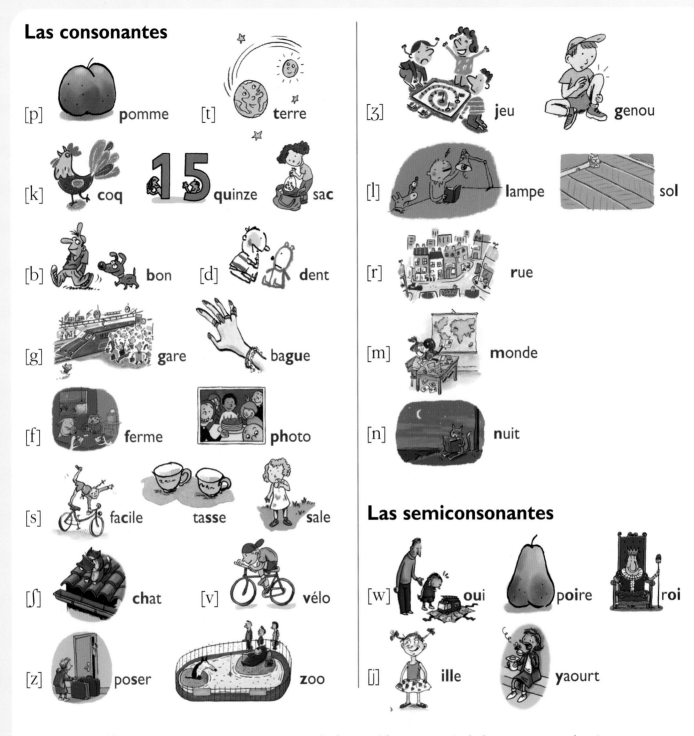

[p] **p**omme
[t] **t**erre
[ʒ] **j**eu
genou

[k] **c**o**q**
15 **qu**inze
sa**c**
[l] **l**ampe
so**l**

[b] **b**on
[d] **d**ent
[r] **r**ue

[g] **g**are
ba**gu**e
[m] **m**onde

[f] **f**erme
photo
[n] **n**uit

[s] fa**c**ile
ta**ss**e
sale

Las semiconsonantes

[ʃ] **ch**at
[v] **v**élo
[w] o**u**i
poire
roi

[z] po**s**er
zoo
[j] i**ll**e
yaourt

Algunas consonantes se pronuncian de forma diferente según la letra que vaya detrás:

La letra **c** se pronuncia generalmente [k], salvo si va seguida de **e** o **i**; en esos casos, se pronuncia [s].
Pronunciamos [k] en «coq», y [s] en «facile» y «ça».

La **ç** delante de **a** también se pronuncia [s].

La letra **g** se pronuncia [g], salvo si va seguida de **e** o **i**; en esos casos, se pronuncia [ʒ].
Pronunciamos [g] en «gare» y [ʒ] en «genou».

La letra **s** se pronuncia [s] cuando va delante de consonante y a principio de palabra.
Se pronuncia [z] cuando va delante de vocal, salvo cuando es **ss**: en ese caso, las **ss** se pronuncian [s].
Pronunciamos [z] en «poser», y [s] en «son», «poste» y «tasse».

La **ll** se pronuncia generalmente [j] cuando va precedida por **i**.

Las consonantes situadas a final de palabra no se suelen pronunciar.

ÍNDICE

La formación del plural y el femenino de nombres y adjetivos sigue las reglas definidas en la página 113.

Cuando son irregulares, aparecen en este índice.

En cuanto a la pronunciación, se habla de ella en las páginas 119 y 120. Sólo los casos no contemplados en esas páginas se indican en este índice.

ABREVIATURAS

f.	femenino	m.	masculino	pl.	plural

copain m., **copine** f.
  amigo, amiga — 69

coq m. gallo — 94

coque (à la ~) f.
  tibio (huevo) — 41

coquillage m. concha — 91

corde f. cuerda — 55

corps m. cuerpo — 18

côté (à ~ de)
  al lado de — 106

cou m. cuello — 18

couette f. edredón — 50

couleur f. color — 11

couper cortar — 56

cour f. corral — 95

cour de récréation f.
  patio (de recreo) — 70

courageux, courageuse
  valiente — 26

courir correr — 24

course f. carrera — 72

courses f. compras — 80, 81

court corto — 19, 67

cousin m. primo — 16

coussin m. cojín — 48

couteau m.,
couteaux pl. cuchillo, cuchillos — 52

coûter costar — 80

couverture f. manta — 50

crabe m. cangrejo — 90

craie f. gis — 68

crayon m. lápiz — 70

crème dessert f.
  natilla — 42

crier gritar — 32

crocodile m.
  cocodrilo — 96

croire creer — 31, 117

cuillère f. cuchara — 52

cuire cocinar, cocer — 38

cuisine (pièce) f.
  cocina (lugar) — 52

cuisiner cocinar — 38

cuisse f. muslo — 18

culotte f. calzón — 36

D

d'accord (être ~)
  estar de acuerdo — 60

d'accord (ne pas être ~)
  no estar de acuerdo — 60

d'habitude normalmente — 104

dangereux, dangereuse
  peligroso, peligrosa — 93

dans dentro — 108

dans (direction)
  dentro de, en — 8

danser bailar — 74

dauphin m. delfín — 96

de (direction) de — 9

début m. principio — 109

décembre m. diciembre — 13

déçu decepcionado — 27

dégoûtant asqueroso — 64

déguiser (se) disfrazarse — 75

dehors fuera — 108

déjeuner m. comida
  (al mediodía) — 38

déjeuner comer — 34

délicieux, délicieuse
  delicioso, deliciosa — 38

demain m. mañana — 6, 104

demander pedir, preguntar — 32

demander (se)
  preguntarse — 30

dent f. diente — 19

dentifrice m. pasta de dientes — 51

dentiste m. dentista — 22

dépêcher (se) apurarse — 102

dépenser gastar — 81

déranger molestar — 60

dernier m., **dernière** f.
  último, última — 109

derrière detrás — 107

des unos, unas — 112

désagréable desagradable — 63

désolé lo siento — 6

dessert m. postre — 42

dessin m. dibujo — 69

dessin animé m.
  dibujos animados — 76

dessiner dibujar — 69

détester odiar — 26

deux dos — 10

deuxième
  segundo, segunda — 10

devant delante — 107

devenir convertirse,
  hacerse — 79

deviner adivinar — 30

devoir deber — 117

devoirs m. pl. tarea — 70

dictionnaire m.
  diccionario — 69

différent diferente — 66

difficile difícil — 63

dimanche m. domingo — 13

dîner m. cena — 38

dîner cenar — 35

dire decir — 32

direction f. dirección — 108

discuter platicar — 32

disputer (se)
  discutir, pelearse — 60

divorcé divorciado — 17

dix [dis] diez — 10

dix-huit [dizyit] dieciocho — 10

dix-neuf [diznœf]
  diecinueve — 10

dix-sept [disset]
  diecisiete — 10

doigt [dwa] m. dedo — 18

donner dar — 57

dormir dormir — 35

dos m. espalda — 18

douche f. ducha — 51

doux, douce
  blando, blanda — 21, 99

douze doce — 10

drap m. sábana — 50

droit (tout ~)
  todo derecho — 108

droite (à ~)
  derecha (a la ~) — 108

drôle divertido — 62

dur duro — 20

E

eau f., eaux pl. agua,
    aguas   43
écharpe f. bufanda   36
échecs [eʃɛk] m. pl.
    ajedrez   74
échelle f. escalera   53
éclairer iluminar   100
école f. escuela   34, 68
écouter escuchar   20
écrire escribir   71
écureuil m. ardilla   93
écurie f. cuadra   95
effrayant
    terrorífico   64
effrayé asustado   27
égal igual   61
église f. iglesia   82
éléphant m. elefante   96
élève m. ou f. alumno   69
elle f. ella   112
elles (pluriel) f. ellas   112
embouteillage m.   85
    embotellamiento   60
embrasser besar
emploi du temps m.
    horario   12
en bas abajo   47
enceinte embarazada   17
enchanté encantado   7
encore todavía   102, 104
endormi dormido   67
endormir (s')
    dormirse   35
enfant m. ou f.
    niño, niña; hijo, hija   14, 17
enlever
    (~ ses vêtements)
    quitarse la ropa   37
ennuyer fastidiar   60
ennuyer (s') aburrirse,
    estar aburrido   26
ennuyeux [ãnyijø],
    ennuyeuse
    aburrido, aburrida   62
énorme enorme   67

enseigner enseñar   71
ensuite a continuación   103
entendre oír   20
entendre (s') avec
    relacionarse con   60
entre entre   106
enveloppe f. sobre   55
envoyer enviar   59
épais, épaisse
    grueso, gruesa   67
épaule f. hombro   18
épicier m. abarrotero   79
épinards m. pl.
    espinacas   44
épuisette f. red   91
équipe f. equipo   72
erreur f. error   30
escalier m. escalera   47
escrime f. esgrima   73
espérer esperar   27
essayer intentar et y   59
étable f. establo   8
étagère f. librero   95
été m. verano   48
éteindre apagar   99
éteint apagado   50
étoile f. estrella   65
étonné sorprendido   100
étrange raro,   29
    extraño   64
être ser   116
exact [ɛgzakt]
    exacto   68
examiner [ɛgzamine]
    examinar   23
excité [ɛksite]
    nervioso   27
excuse-moi,
    excusez-moi
    perdona, perdone   6
excuser [ɛkskyze]
    perdonar   6
expression [ɛkspresjɔ̃] f.
    expresión   61
extérieur (à l'~)
    [ɛksteʀjœr] fuera   107

F

fabriquer fabricar   58
facile fácil   63
facteur m. cartero   79
faim (avoir ~)
    tener hambre   39
faire hacer   56, 117
faire (fabriquer)
    hacer (fabricar)   58
faire de la luge
    deslizarse en trineo   89
faire du (vélo, cheval)
    andar (en bicicleta)
    montar (a caballo)   85
faire mal doler
faire (se) mal   22
    lastimarse
famille f. familia   22
fantastique fantástico   16
farine f. harina   62
fatigué cansado   40
fauteuil m. sillón   35
faux, fausse   48
    mal, incorrecto
femme f. mujer   68
femme   15
(de quelqu'un) f.
    esposa   17
fenêtre f. ventana   46
ferme f. granja   94, 95
fermer cerrar   58
fermier m. granjero   78, 94
fesses f. pl. trasero,
    nalgas   18
fête f. fiesta   101
feu m., feux pl. fuego,
    fuegos   48
feu d'artifice m.
    fuegos artificiales   101
feuille f. hoja   93
février m. febrero   13
fille f. chica, hija   14, 17
film m. película   76
fils m. hijo   17
fin f. fin, final   109
finir terminar, acabar   35, 115
fleur f. flor   92

J

J'en ai assez !

¡Estoy harto!   61

jamais nunca   104

jambe [ʒãb] f. pierna   18

jambon m. jamón   40

janvier m. enero   13

jardin m. jardín   53

jaune amarillo   11

je yo   112

jean [dʒin] m.

pantalón de mezclilla   37

jeu m., **jeux** pl. juego,

juegos   75

jeu vidéo m. videojuego   76

jeudi m. jueves   13

jeune joven   15

joli guapo   64

joue f. mejilla   18

jouer jugar   70

jouet m. juguete   76

jour m. día   12, 103

journal m., **journaux** pl.

periódico, periódicos   49

journaliste m. ou f.

periodista   78

journée f. día   34

judo m. judo   73

juillet m. julio   13

juin m. junio   13

jupe f. falda   36

jus d'orange m.

jugo de naranja   58

jus de fruit m.

jugo de fruta   43

jusque, jusqu'à

hasta, a   109

juste (égal)

justo (igual)   63

juste (exact)

correcto   68

K

kangourou m. canguro   96

L

la la   112

la, à elle

la, a ella   112

là, là-bas allí   106

laid feo   66

laisser (~ tomber)

dejar caer   56

Laissez-moi tranquille !

¡Déjenme en paz!   61

lait m. leche   39, 43

laitue f. lechuga   44

lampe f. lámpara   49

lancer lanzar   59

langue f. lengua   19

lapin m. conejo   95

laver lavar   51

laver (se) lavarse   51

le el   112

le, à lui m. lo, a él   112

leçon f. lección   69

léger, légère

ligero, ligera   66

légume m. verdura   44

lent lento   85

lentement

lentamente, despacio   105

les los   112

les (à eux, à elles) m. ou f.

les (a ellos, a ellas)   112

lettre f. carta   55

leur (à eux, à elles) m. ou f.

les (a ellos, a ellas)   112

leur, leurs m. ou f.

su, sus   112

lever (se) levantarse,

ponerse en pie   25

lever du lit (se)

levantarse de la cama   34

lèvre f. labio   18

lion m. león   97

lire leer   71

lit m. cama   50

livre m. libro   71

locomotive f.

locomotora   87

loin lejos   107

loisir m.

pasatiempo   74

long, longue

largo, larga   19, 67

losange m. rombo   11

loup m. lobo   97

lourd pesado   66

luge f. trineo   89

lui (à lui), lui (à elle)

le   112

lumière f. luz   49

lundi m. lunes   13

Lune f. Luna   100

lunettes de soleil f. pl.

lentes de sol   89, 91

M

ma mi   112

maçon m. albañil   78

madame f. señora   6

mademoiselle f.

señorita   6

magasin m. tienda   81

magie f. magia   76

magnétoscope m.

video   49

mai m. mayo   13

maillot de bain [majo] m.

traje de baño   91

main f. mano   18

maintenant ahora   102

mairie f. ayuntamiento   83

mais pero   8

maison f. casa   46, 47

maître m. maestro   69

maîtresse f. maestra **mal**   69

(avoir ~ au cœur)

estar mareado   22

malade enfermo   22

malheureux, malheureuse

desgraciado, desgraciada   28

malpoli maleducado,

maleducada   29

132

A

B

bailar danser 74
bajo bas, sous 65, 107
balón ballon 74
banco banque 82
banda groupe 77
banquero banquier 78
banqueta trottoir 83
bañarse prendre son bain 35
bañera baignoire 51
baño bain 51
baño salle de bains 51
baño (traje de ~)
 maillot de bain 91
barato bon marché 81
barbilla menton 18
barco bateau 87
basquetbol basket 73
bastante assez 110
batalla bataille 50
bebé bébé 14
beber boire 38
bebida boisson 43
bello beau 66
besar embrasser 60
biblioteca bibliothèque 82
bici vélo 74, 86
bicicleta bicyclette 86
bien bien, bon 62, 68, 71
bienvenida bienvenue 7
billete (de banco) billet 80
blanco blanc 11
blusa chemisier 36
boca bouche 18
boda mariage 101
boleto ticket , billet 88
bolígrafo stylo 70
bolsa sac 54
bombero pompier 79
bonito beau 66
bosque bois 93

bosque forêt 92
bota botte 36, 89
botella bouteille 52
boxeo boxe 73
brazo bras 18
brillar briller 99
¡buenas noches! bonsoir 7
bueno bon 62
buenos días bonjour 6
bufanda écharpe 36
búho hibou 93
buque navire 87
burro âne 94
buscar chercher 59

C

caballo cheval 95
cabellos cheveux 18
cabeza tête 18
cabra chèvre 94
cacerola casserole 52
cada chaque 110
cadera hanche 18
caer tomber 24
caer (dejar ~)
 laisser tomber 56
café café 39, 43
cafetería café 82
caja boîte 54
cajón tiroir 48
calcetín chaussette 36
caliente (muy ~) brûlant 21
calle rue 83
calor chaud 21, 99
calzón culotte 36
calzoncillos caleçon 36
cama lit 50
cámara fotográfica
 appareil photo 74
camarógrafo caméraman 78
camarote cabine 87

cambio monnaie 80
camello chameau 96
caminar marcher 25
camioneta camionnette 86
camisa chemise 36
camiseta tee-shirt 36
camisón chemise de nuit 36
campeón champion 72
campo (en general)
 campagne 92
campo (parcela) champ 94
canción chanson 77
cangrejo crabe 90
canguro kangourou 96
canica bille 75
cansado fatigué 35
cantar chanter 77, 115
cantidad quantité 110
capital capitale 83
cara visage 19
carácter caractère 29
caramelo bonbon 42
cariño chéri 6
carne viande 41
carnicero boucher 79
caro, cara cher, chère 81
carrera course 72
carretera route 84, 85
carta lettre 55
carta (de jugar) carte 74
cartero facteur 79
casa (en ~ de) chez 106
casa maison 46, 47
casarse se marier 17
casco casque 84, 86
casi presque 111
casi todo presque tout 111
castillo de arena
 château de sable 90
catarro rhume 22
catorce quatorze 10
CD CD, cédérom 77